Wael En Vlaming

Ferdinand Augustijn Snellaert

WAEL EN VLAMING,

DOOR

F. A. SNELLAERT.

GENT,

BOEK- EN STEENDRUKKERY VAN F. EN E. GYSELYNCK, KAMSTRAET, N° 36.

—

1847.

WAEL EN VLAMING.

Is het somtyds eene deugd voor de waerheid te lyden,
het is meertyds eene lafheid den hoon te verdragen die
der waerheid wordt aengedaen. In alle landen en ten allen
tyde vindt men drogredenaers, gereed om den stillen
hoop te bedwelmen en de spraek te ontnemen; maer el-
lendig is het land, waer de sofistery den volkomen toon
geeft, waer ze zich voor de gezaghebbers komt plaetsen
en de hand overschreeuwt, die het roer van staet in rig-
ting houdt. Het is vooral in Belgie dat deze plaeg heer-
schende is, sedert dat het land, van de helft verkleind,
zich heeft moeten buigen voor de aenmatigingen van
allen, die aen deze verkleining beweren deel te hebben.
Wy hoorden beurtelings Liberael en Katholyk zich de
eer onzer nationaliteit toeschryven, de gedaenteverwis-
seling van ons vaderland voor eigen werk en voor een
hoogst heilzaem werk uitbazuinen. Maer wat elkeen in
die gedaenteverwisseling heeft kunnen opmerken, en
echter zelden heeft willen zien, is dat er inderdaed in
Belgie eene overwinnende magt bestaet, maer die noch
het belgisch Liberalismus, noch het belgisch Catholi-
cismus is. Het is een veel erger kwaed, een ader- en ze-
nuwuitzuigend beginsel, een parasiet, die als een levende
kanker ons het bloed verarmt en verpest. Dit weet men
sedert lang; maer wie denkt aen eigenwaerde, aen zelf-
behoud, wanneer men zoodanig begoocheld is, dat men
zich door den parasiet gevoed waent, omdat hy zyne va-
ten in degene van het verteerende lichaem heeft geplant?
Doch het was aen een kind van de *Borinage* voorbe-

houden, om, met eene van vlaemsche rondborstigheid zoo zeer verwyderde ruwheid, onze gewesten het verwyt in het aengezicht te komen werpen, dat wy tot niets beters geschikt zyn dan door dien parasiet — door het waelschdom — te worden opgezogen.

By gelegenheid dat men in de tweede der wetgevende kamers over de middelen beraedslaegde om de armoede te keer te gaen, welke over geheel Vlaenderen, ten gevolge van het verval der handspinnery heerscht, is de heer Sigart, uit Henegouwe, aen de vergadering komen zeggen dat het ongeluk van Vlaenderen bestaet, doordien deszelfs inwoners, de plattelanders inzonderheid, onder een onteerend priesterjok gebogen, in hunne verstandelyke vermogens gedaeld zyn, vadzig zyn geworden, en dat de tael der natie, het nederlandsch, der priesteren werktuig is om ons van de hooge beschaving af te houden. Van daer uitgaende, vindt de vertegenwoordiger van Bergen, dat de groote steden van vlaemsch Belgie, als *Oasisen,* van de aenraking der wildernis lyden, en dat het eene gedeelte des lands onmogelyk eene ernstige worsteling met het andere kan aengaen. Dit zeide de heer Sigart in de zitting van den 12 december 1846, zonder dat éen liberale vertegenwoordiger van Vlaenderen tegen deze zoo beleedigende als roekelooze drogredenen het geringste inbragt; ja, toen de woorden van den waelschen vertegenwoordiger in de vlaemsche steden met algemeene verontwaerdiging ontvangen werden, waren er dagbladen lankmoedig genoeg zich de taek te getroosten om voor te dragen, dat men de redevoering van den heer Sigart niet begrepen had.

Wat waren Vlamingen? Wat waren Walen? en wat zyn beide nu?

Roemryk stonden onze voorouders eeuwen lang aen de spits van het germaensch tegen over het romaensch

element; gedurende al dien tyd droegen zy hoogen moed
op hunne zeden, op hun karakter en op hunne tael; zy
bleven vereenigd in geest en in zin, en de geweldigste
veten konden op hunne nationale waerde geene inbreuk
doen. Maer eens trokken zy eene zelfde lyn met de Walen,
met de zonen van dat gedeelte van den borgoendischen
cirkel, dat het minst in de geschiedenis had uitgeblonken,
dat door zich zelve geen' glans gaf, en ofschoon het de
tale sprak dergenen die sedert eene eeuw onze gemeen-
schappelyke meesters waren, de tale die zich toen reeds
het regt van beschaving en van toon aenmatigde, dat noch
in uiterlyke beschaving, noch in letteren, noch in kun-
sten en wetenschappen, noch in nyverheid met ons kon
in vergelyking komen. Toen verbond zich de Vlaming
met den Wael voor de vryheid van 't geweten, toen
leende hy dengenen, dien hy voor een opregten broeder
aenzag, den arm om zieledwang uit het land te dryven,
en van Nederland het brandpunt te maken, waeruit de
vryheid hare stralen over den aerdbodem zou laten
glansen. Met den Wael aen zyne zyde begon hy, zonder
achterdocht, dien grootschen stryd; maer eilaes! met wat
een noodlottig gevolg: de Vlaming ontving den Judaskus,
en van schynvriend werd de Wael een openlyke vyand,
ruim zoo erg als de Spanjaerd zelve. Moet ik herinneren
dat het sedert dien openbaren afval der Walen was, dat
onze vestingen, de eene na de andere, in handen des Spaen-
jaerds geraekten, dat de hertog van Parma in alle steden
de liberalen door jesuiten verving. En indien het zoo ware
dat vlaemsch Belgie onder een vernederend priesterjok
bukt, aen wie zouden wy dit te danken hebben, anders
dan aen degenen die in tyd van nood ons afvielen? En wat
was het loon voor dit verraed, voor deze verloochening
der liberale denkbeelden? Zy bekwamen eenen invloed
dien zy te voren nooit gehad hadden. Het vlaemsch was de

tael der vyanden, der oproerigen, het waelsch de spraek
dergenen die voor het absolutismus de knien bogen.
Meester en knecht verfoeiden om stryd het volk en des-
zelfs tael, en de minachting voor het nederlandsch, zoo
ryk aen gewrochten als schoon door zich zelve, ging
in erfenis over op elken nieuwen meester. Zoo sukkelde
het land voort tot aen de wording van het koningryk
der Nederlanden — de verwezenlyking van het plan van
Karel den Stoute en van den laetsten wil van keizer Karel.
Zoo sukkelde het land voort, zonder dat de Wael, wien
verrena de grootste mate van zedelyk voordeel was toe-
bedeeld, in geheel dat tydverloop van twee eeuwen,
den zoo zeer verachterden Vlaming zelfs op zyde kon
treden. Zyn afval schonk hem het treurige voorregt dat
de nederlandsche troepen in spaensche of keizerlyke
dienst *gardes wallonnes* werden genaemd, zoo dat de
roem, welken deze onverschrokkene benden behaelden,
alleen den Wael werd aengeschreven.

Gy leefdet dus reeds ten onzen koste, gy waert onze
parasiet. Maer eene schilderschool hadt gy nooit, even
weinig als eene reeks van etsers en beeldhouwers. Gy
kendet niet éen vak van letterkunde; gy hadt geen too-
neel, tenzy wanneer de groote wereldstad, het eenige
brandpunt uwer beschaving, hare onwaerdigste plankha-
zen op u afzond. Wat bragt gy voort in de wysbegeerte,
in de wetenschappen, zelfs nadat men, uwen afval tot
loon, u eene hoogeschool te Douay had geschonken? hebt
gy, met al de voordeelen, welke onze meesters u gaven,
iets gedaen, waeruit blykt dat gy een eigenaerdig karakter
bezit, dat gy een eigenaerdige Franschman zyt, en by
eene inlyving uwer gewesten met dat land, aen hetzelve
iets anders zoudt toe te brengen hebben dan eene zekere
ruimte van grondgebied en twee miljoen menschen?

Zoo bedroevend uwe geschiedenis is, zoo bly vertoont

zich de onze onder al hare gedaenten. De vlaemsche letterkunde verliest zich in de gryze oudheid : in de twaelfde eeuw brengt zy een meesterstuk voort, hetwelk nog dagelyks in de hoogschatting der grootste ontleders van het menschelyke genie wint. In de dagen dat de grove zinnelykheid der middeleeuwen voor beschaefdere formen zal plaets maken, levert zy eenen Houwaert, en wanneer de menschheid hoogere vlugt vraegt, verlaten de ouders van Vondel het bedreigde Antwerpen om in stilte den arend op te kweeken, die onbeschroomd het poëtisch zonnelicht zal tegenvliegen. Thands afgezonderd verliest de vlaemsche lier wel hare forsche toonen, maer ze blyft toch voortleven, en juist van dit leven, hetwelk de verslaving aen Spanje haer gemaekt had, en dat eene verscheidenheid is in de nederlandsche letterkunde. Het tooneel ontwikkelt zich op nieuw, en wordt een nog meer eigenaerdig verschynsel dan de zedelyke poezy. En denkt gy dat deze vlaemsche lier, wier akkoorden, door alle eeuwen heen, in lyden en vreugde de natie heeft bygestaen, by de laetste gebeurtenissen in eens stom is gevallen? Denkt gy dat noch Maerlant, noch Houwaert, noch Marnix, noch Heinsius, noch Vondel, zonen, hunner waerdig, meer tellen? Denkt gy dat zelfs de groote hedendaegsche genien van Engeland, van Duitschland, van Frankryk onder de jongere Vlamingen geene bewonderaers vinden, die hen op zyde pogen te streven? Maer daer hebt gy geen begrip van, heer Sigart; want gy kent onze spraek niet : gy zyt zonder sympathie voor ons, dan voor zoo verre onze mogelyke verbastering uwe zelfzuchtige inzichten streelen kan. Maer bereken wat onze natie met hare eigene tael vermag, naer hetgeen de Vlamingen in het latyn hebben voortgebragt, en naer den byval door sommigen onder hen in het fransch bekomen.

Maek met uwen wysgeerigen geest de vergelyking tusschen het u onbekende, doch dat uit den boezem zelf der natie sproot, en de ontleende klanken, welke hoe verrukkend ook, nooit toegang vonden tot het harte van 't volk.

Misschien is de mindere bekendheid buitenslands met onze letterkunde toe te schryven aen den alles verdoovenden glans der nederlandsche schilderschool. Deze toch ook boetseerde zich geheel naer ons eigen volksleven en begrippen, en wyzigde zich naer tyd en plaets. Zyn wy thands in die edele kunst van onze voorzaten verbasterd? Ja, zyn onze hedendaegsche kunstenaers voor het min volmaekte by hunne voorgangers blind, en miskennen zy, uit nationale kortzichtigheid, het goede van andere hedendaegsche scholen? Uit de Walen zyn in deze laetste tyden groote schilders gesproten, dat weten de Vlamingen, maer hoe groot is het getal uwer meesters, en wie heeft hun het geheim der kunst ingeboezemd? Gy hebt ook beeldhouwers; maer hebben wy er geene en in grooter getal dan gy? Zyn de voornaemste bouwmeesters des lands geene Vlamingen? En gy die Wael zyt, diesvolgens ons noch kunt noch wilt begrypen, weet gy wel dat dit geheele legioen van vlaemsche letterkundigen en van vlaemsche kunstenaers in eene eigene, in eene vlaemsche wereld leven; dat zy wel uwe fransche beschaving kennen, maer ze voor vreemd aenzien en ongeschikt om, volgens de wetten der groeikracht, de natie te ontwikkelen?

Zyn wy in de wetenschappen van onze voorouders ontaerd? Is de overlevering, by voorbeeld, in de geneeskunde, uw vak en het myne, onder de Vlamingen zoodanig verloren gegaen, dat wy de praktyk van de Franschen moeten leeren? Het onderwys wordt in 't fransch gegeven, en bygevolg dienen fransche werken doorgaens tot rigtsnoer by het geven van lessen, dat beken ik. De parasiet, die van ons bloed leeft, heeft ons weten te dwingen in de wetenschappen onze denkbeelden naer zyne tael uit te drukken; maer zou er iemand beweren durven dat de vlaemsche geneesheeren hunne praktyk naer parysche theorien rigten, gelyk elders in ons land geplogen wordt? En nogtans staet hier de geneesheer op de hoogte zyner kunst, ten platten lande zoo wel als in de groote steden. Drie vierden der vlaemsche artsen willen geen gemeens hebben met uwe fransche beschaving, al durven zy zoo vry denken als Cabanis of Broussais.

Dit alles duidt wel een eigenaerdig leven aen, een leven dat kracht bezit en nog in staet is eene worsteling aen te gaen met wie het ook zy. Men kan ons verarmen en beschimpen, men kan eenige duizende menschen met geweld van hunnen geboortegrond verdryven; maer daermede is de stryd niet beslecht : men moet den laetsten Vlaming verdelgen kunnen, zal men mogen zeggen dat de worsteling geeindigd is; want elk lid van ons gezin weet dat de Wael zyn onbarmhartige vyand is, van wien hy geene genade heeft te verwachten, en zyn instinct zegt hem dat er geene ineensmelting van gevoel en belangens tusschen beide bestaen kan. Krachtigere werkingen dan des menschen wil is, beschikten er zoo over. De beide rassen zyn te zeer van elkander onderscheiden, niet alleen in spraek, maer in de geringste byzonderheden van het maetschappelyk en individueel bestaen. Den verschillenden aerd, welken de natuer aen beider grond hechtte, bragt zy over op de inwoners : zoo regt zindelyk en ordelyk gy het huishouden van den eenen zult vinden, zoo bedriegelyk in deszelfs opschik zal u dat van den anderen voorkomen. Alles zegt het, van het geringste meubel af tot de kleedy der vrouwen toe, dat hier de reinheid in hare volkomenheid heerscht, ginter alles te werk wordt gesteld om rein te schynen. Met uw

vlaemsch gevoel voor orde en regt zal u alles by den
Wael verkeerd voorkomen. Doch wat spreken wy van
den mensch, en wat willen wy met de lompen, die zynen
schouder bedekken, eenen fakkel maken om de afgronden
van het harte te doorzoeken? Een enkele blik op Gods
vrye veld spreekt het uit, dat daer een ander menschen-
ras woont. De ongelyke baen, de zeldzame, slecht be-
zorgde boom pynigt uw gevoel en doet u by u zelven
vragen, of gy wel in een beschaefd land zyt? En dan stapt
gy uren en uren voort, eer u een toren zeggen komt dat
gy menschenwoningen, dat gy een gehucht nadert.
Niets dan slechtbebouwde velden, heiden en bosschen
komt gy te gemoet, gantsch het tegendeel van wat in uw
land uwen geest verscherpt en uw harte vervrolykt. Ver-
wacht daer geene net afgeperkte akkers, afgewisseld door
weelderige landouwen; blyf niet op eenen kouter staen,
om de regte lyn te bewonderen die de ploeg getrokken
heeft, of de kunstmatige wyze waerop de landbouwer spit;
blyf niet staen, want gy zoudt het spreekwoord nazeggen,
hetwelk den Wael in zyne zielvermogens beledigt, en gy
wierdt in uwe overtuiging versterkt dat de Vlaming een
sedert eeuwen beschaefd volk moet zyn, dat van onheu-
gelyke tyden boven zynen nabuer staet. En als gy dan, by
't naderen aen een dorp, uit eenen koolput een paer zwarte,
breedgeschouderde, korte kerels ziet opwinden, zeg Vla-
ming, grypt u dan geene huivering aen by 't zien van
dat menschenras, en voelt gy de behoefte, den aendrang
niet om het stille genot van den huiselyken haerd ten
spoedigste weêr te smaken? Neen, het is geene vadsig-
heid die u by deze stuersche menschen het heimwee
geeft; maer uw harte zegt dat het minder woest klopt,
dat er tusschen u en hen een afstand is, een afstand
van twee ongelyksoortige opvoedingen. Ten anderen, gy
weet het, het is een spreekwoord ten onzent, dat de

Wael ons haet, dat hy ons doodelyk haet, en hebt gy werk noodig, dat het by den Wael niet is dat gy brood zult vinden. Thuis beschimpt gy hem wel, en ten overvloede; maer gy bezit een medelydend harte : komt hy bedelen, gy geeft hem brood; komt hy werken, gy bezorgt hem brood en kleeren. Hy scheldt u uit voor lafhartig : — dat zou ik hem haest nazeggen, indien ik my niet wachtte van de uitzondering voor den regel te nemen ; want is het al waer dat gy niet naer hem toegaet, omdat hy u veracht en dat gy niet voornemens zyt hem van natuer te doen veranderen, ziet men hem niet hier onder den vlaemschen hemel in 't gelyk stellen tegen den landaerd? Gy laet hem u vleijen, gy keert een beproefden landgenoot den rug toe, wiens plaets hy inneemt, en gy gedoogt dat hy in zyne tael eene meesterschap over u voert. Ik wil den haet die ons scheidt niet hooger ophitsen; maer is het niet waer, dat wy al te weinig voorzorg nemen, om den blaem niet te verdienen, dien de brutale zelfzucht en teleurgestelde inzichten ons toewerpen?

Doch heeft dat volk het regt ons te behandelen als overwonnelingen, als een gezonken menschenras, dat tegen hem den stryd niet kan uitstaen? Om hiervoor eene oplossing te vinden, is het noodig enkele jaren achteruit te zien.

Ik heb het reeds elders gezegd : de omwenteling van 1830 moet onder een tweeledig oogpunt beschouwd worden. Voor het eene gedeelte van Belgie was het een stryd van stam tegen stam, voor het andere een partyoorlog. De Wael, ongeduldig om eene meer werkzame rol te spelen, stond tegen het nederlansch, het hollansch-vlaemsch beginsel op. In de vlaemsche gewesten was 't het Catholicismus dat zyne terugwerking tegen het protestantendom in openlyke werkdadigheid

bragt. Beide deze terugwerkende krachten waren ver-
takkelingen van eene in den grond zelfde beweging :
de stryd van het romaensch element tegen het ger-
maensche, van welken Frankryk het eene deel op zich
nam tegen het koningdom, het Catholicismus het andere
tegen alle van Rome afwykende christene kerken. In
de beschouwing van dezen wereldstryd hebben wy
ons niet in te laten, dan om hem in zyne kleinere, in
zyne nederlandsche uitdrukking een weinig na te gaen
als noodzakelyk beginsel, waeruit de tegenwoordige
wederzydsche toestand van Wael en van Vlaming ont-
stond. Het katholyk beginsel kende aen de omwenteling
geene grenzen toe; zyne werkzaemheden strekten zich
uit tot in de verste gewesten van het koningryk, waer
zyne vaert door de groote overmagt alleen beteugeld
werd; en aen hetzelve mag de scheiding noch tot roem,
noch tot blaem worden geweten. Het waelsch be-
ginsel, indien het verongelykt was, had in billykheid
zyne terugwerking niet verder mogen dryven dan tot
waer zyne sprake liep; doch wat had het zoo anders dan
eene hersenschim te bestryden gehad, en wat ware
zyne rol eng beperkt geweest! Alles liep te samen om
den Wael eenen invloed te geven, dien hy misschien
zelve nooit verhoopt had. De kwestie der talen vond hy
by de scheiding ten zynen voordeele beslist, omdat de
partywoede de verschillende tinten in ons nationael
spraektafereel voor onharmonisch en met elkander niet
bestaenbaer had uitgekreten; om dat hy de geestelyk-
heid niet tégen hem en de gapers op de fransche ver-
lichting vóor hem gestemd vond. Liberalen van gewigt,
buiten de zich afhoudende oranjeparty, stonden hem
niet in den weg. Zoo verwierf hy van de eerste wor-
ding der omwenteling af eene overwegende magt. De
aerd van zynen opstand deed by hem de behoefte voor

ambten en bedieningen meer gevoelen dan in Vlaenderen, waer de werkende party hare mannen vond deels onder de geestelyken, deels onder de edelen, welke laetste over het algemeen geene posten verlangden of er niet voor opgeleid waren. Hy kwam dus in overmagt, met eenen uitdrukkelyk franschen zin, in schyn het bestuer deelen met mannen, die er niet op stonden om hem het hooge woord te betwisten, en die als uit eerlyke schaemte in de grondwet eene schaduw van gelyke regten der talen deden insluipen. En wat hielp hem al niet? Van den onverstandigen haet tegen het zoogenaemd hollandsch tot dat legioen van *Commis-Voyageurs* der fransche beschaving, die eerst als militairen, als liedjeszangers, als journalisten, ons defendeerden, ons animeerden, ons de les voorspelden, om weldra geheel het land voor eene apenmenagerie uit te maken, en de Belgen al de scheldwoorden naer het hoofd te werpen, welke de heer Sigart met even weinig vaderlandsliefde als broederliefde op de Vlamingen alleen wil afkeeren.

Van dat standpunt beschouwd zou vlaemsch Belgie de uitvallen verdienen van den heer Sigart, het ware een verloren land, gedoemd om aen het andere gedeelte te worden geslachtofferd, zelfs, ja nog meer, nu dat de Oranjeparty zich in de worsteling gemengd heeft. Wien immers kan het onbewust zyn, dat velen eerder uit een onverzoenlyken haet tegen al wat priester is zich tegen de omwenteling verklaerden, dan omdat zy een beginsel aenkleefden, waervan een Van Toers, een Van Crombrugghe de zuiverste uitdrukking waren? Maer wat men ook zegge, het beginsel, het welk vlaemsch Belgie tot zyne vorige gewigtigheid verheffen moet, heeft zyne krachten en zyne baen hervonden. Dit beginsel hangt van geen der staetkundige partyen, die Belgie verdeelen, af, en men moet zoo ligtzinnig zyn als onwetend in de zaek

om thands nog het tegendeel staende te houden. In hare
eerste ontwikkeling was de vlaemsche zaek in het oog
van velen eene beweging, onder den invloed van het
huis van Oranje bewerkt, en deze aentyging weêrklonk
tot in de kamer der volksvertegenwoordigers. Doch hoe
zonderling verplaetsen zich de standpunten, wanneer
de drift en niet het bezadigd oordeel eens het onder-
zoek geleidde? de geestelyke die ons toen van Oran-
jismus beschuldigde, moet thands het woord ter onzer
verdediging opvatten, omdat men van dat zelfde spreek-
gestoelte, van waer hy vóor zes jaren tegen de vlaem-
sche beweging uitviel, ons voor verlaegde, onder pries-
terjuk geheel verdoofde en ontzenuwde wezens uitmaekt.
Deze voorstellingen, van het standpunt beschouwd
waerop de partyzucht de voordragers er van had ge-
steld, missen geen van beide een zekeren graed van
waerschynlykheid, en zelfs kunnen wy ze onder zekere
betrekking toetreden. Wy zeggen met den eerwaerden
heer De Foere: ja, wy zyn oranjisten, doch niet op den
voet zoo als gy hebt voorgegeven; wy erkennen met den
heer Sigart dat de geestelykheid eene hand heeft in de
vlaemsche beweging, doch wy ontkennen stellig de ge-
volgtrekkingen, welke hy daeruit nemen wil. Wy zyn
oranjist voor degenen die het ons tot eene misdaed aenre-
kenen, dat wy de literarische betrekkingen met de Noord-
nederlanders blyven onderhouden, dat wy onze tael niet
willen verbrokkeld zien : wy zyn oranjist voor zoo verre
dat wy het beneden 't gezond verstand achten, dat iemand
een punt van spelling in eene kwestie van staet herschept,
alleen om ons te beschuldigen, en zich zelven voor beter'
Vlaming wil doen doorgaen, omdat hy zich niet altyd
op dezelfde hollandsche schryvers beroept als wy. De
vlaemsche beweging heeft den naem onder een verdoo-
vend priesterjuk te zuchten, by al wie aen het fransch alleen

eene beschavende kracht toekent, by al wie, door het glas des vooroordeels kykende, in elken priester eenen inquisiteur, in elken vlaemschen schryver een dwaes werktuig van dweepzucht ziet.

De heer De Foere weet beter; maer de heer Sigart, gelyk meer zyner stamgenooten, kan gelooven dat er eerst sedert een tiental jaren vlaemsche schryvers zyn, die zich meer of min slecht van een *patois* bedienen, hetwelk hoogstens in twee of drie gewesten begrepen wordt. Hadde zyne waerdigheid hem toegelaten met zynen brugschen tegenstrever vriendschappelyk over de zaek te klappen, misschien ware hy wel zelfs tot de overtuiging gekomen, dat wy niet eens eene gemeenschappelyke tael bezitten, maer dat hetgene men nederduitsch noemt eene republiek is van kleine dialektjes, zoo talryk als er kantons in 't land zyn, en dat de oranjeparty den slag had waergenomen om het staetsbestuer eene commissie te doen instellen, ten einde het leelyke hollandsch boven al die nationale gewestspraken te laten troonen, en zoo de omwenteling in eene harer hoofdgrieven schaekmat te zetten. Doch neen, de oranjisten hebben even min schuld aen onze zaek als de geestelykheid. De vlaemsche beweging ontstond uit haer zelve, uit het volk, zonder dat iemand zeggen kon van waer de rigting kwam. Zy kwam, omdat het oogenblik van onze dood nog niet daer was, even als de crisis welke de genezing voorspelt, waeruit misschien het leven eene hoogere kracht putten zal. Neen, geen partygeest heeft onzen toestand geschapen, zoo min als eenig buitenlandsche invloed, wat ons nu ook al in een naburig land, in Frankryk, te laste gelegd wordt. Ginter komt het natuerlyk noch op onze liberalen, noch op onze katholyken aen, maer op de ryngrenzen; en indien de Voltairiaensche school het niet zoo druk had met hare tegenparty, gewis zou zy met de kamer van koophandel van

Bordeaux instemmen, dat de vlaemsche beweging het gevolg is van kuiperyen van Pruisen, dat eerst sedert 1840 goed gevonden heeft ten voordeele van eene brabbeltael, van een *baragouin* belang voor te wenden [1]. Ook deze kamer kunnen wy van uit haer standpunt niet gantsch in 't ongelyk stellen; want wy bezitten de sympathie van Pruisen, ja van geheel Duitschland. Maer of een eenig ordelint aen een vlaemschen schryver geschonken, of het bestaen van het vlaemsch-duitsch zangverbond aenduidt, dat de vlaemsche zaek niet uit haer zelve zich beweegt? Dat Frankryk in zyne droomeryen van uitbreiding aen Pruisen de gevoelens veronderstelt die het zelf koestert, dit hoeft niemand te verwonderen : het is nog zoo lang niet geleden, dat ik zelf meende te moeten waerschouwen tegen eenen mogelyken nayver tusschen Frankryk en Duitschland om eenen invloed op Belgie te verkrygen, welke nadeelig, eerst op de tael, later op ons eigen zelfbestaen zou kunnen werken [2].

Om reden dat wy altoos buiten de staetspartyen bleven, zelfs daer waer het op 't herkrygen van de regten der moedertael aenkwam, moesten wy beurtelings by elkeen verdacht staen, wanneer toeval of nei-

---

1 *Mémoire sur la nécessité d'ouvrir de nouvelles négociations avec la Belgique*. Bordeaux, 1846. pag. 14-17. By het opstellen van myn verweerschrift kende ik deze verhandeling slechts by naem. By de inzage merk ik, dat er onze tael al even in mishandeld wordt als door elk ander van hare vyanden. Men leest daer bl. 14 : « Alors (vers 1840) une manifestation a été faite, dans les provinces flamandes, en faveur de ce que l'on nomme la *langue flamande*, qui se compose d'autant de dialectes qu'il y a de provinces et même de communes où l'on parle cet idiôme. »

2 In myn verslag over het werk: *La langue flamande, son passé et son avenir*, te vinden in *De School en Letterbode* voor 1845, bl. 185 en volg.

ging de minste toenadering te weeg bragt tusschen vlaem-
sche schryvers en persoonen die eenig politiek aenzien
bezitten. Dit zal lang nog zoo blyven, en zal nog meer
doorschynen, naer mate de vlaemsche zaek in kracht
winnen zal en hare beweging de algemeene aendacht
gaende zal maken. Wy mogen ons dus nog niet zoo ligt
voor ontslagen rekenen van de bynamen van oranjist,
katholyk, pruisensgezind, zelfs niet van ultraliberael;
want hoe en waer wy de Gallomanie zullen te bestry-
den hebben, het is niet waerschynlyk dat wy ooit vol-
strekt afgezonderd staen zullen.

Maer wat ons niemand ontnemen zal, en waervoor wy
ons op het oordeel van het nageslacht beroepen, is dat
de vlaemsche beweging onbevangen nationael is, bezorgd
voor het welzyn van het geheel, voor de zedelyke opvoe-
ding, de veredeling van gantsch het volk. Wie wil dat,
die niet de tael zelve veredelen wil? Gy niet, liberalen,
wanneer gy verbiedt dat in de athenea en collegien de
moedertael trapsgewys in alle scholen onderwezen worde,
wanneer gy in uwe regtbanken den scheidsmuer laet
bestaen tusschen het openbaer ministerie en den beschul-
digden Vlaming. Gy niet, katholyken, wanneer van den
predikstoel geene beschaefdere tael dan het plaetselyk
jargon in het harte des volks dalen mag. Gy niet, stede-
lyke besturen, wanneer gy tienduizenden en tienduizenden
besteedt, om aen het fransch theater een jaerlyks herhaeld
bankroet te sparen, en den vlaemschen schouwburg met
eene verachtelyke aelmoes op het volk terugwerpt.

Gesteld nu, het vlaemsche volk stonde by de Walen ten
achteren, waeraen zou dit toe te schryven zyn? aen het
niet kennen van het fransch, of aen het verwaerloozen
der moedertael? Dat vraeg ik u, onbevooroordeelde Walen:
het antwoord kunt gy geven uit de woorden zelven van

den heer Sigart. Om onzen toestand van stoffelyke én zedelyke verachtering te verklaren, haelt de henegouwsche afgevaerdigde het voorbeeld aen van Spanje, van Italie, van Ierland en van het zuiden en het zuidwesten van Frankryk. Ik geloof nogtans niet dat de Carbonaris hunne oppositie in het fransch voortzetten, even weinig dat de spaensche konstitutioneelen franschsprekers zyn tegenover de baskische karlisten. Is het by mangel van gemeenzaemheid met de engelsche tael dat Ierland zedelyk vervallen is? Wien is het onbewust dat daer de tael der veroveraers overal de tael van 't volk verdrongen heeft, in 't leger, by de regtbanken, in 't onderwys, in de zoogenaemden tolken der openbare meening — in de dagbladen? Moore zong in de tael der beschaving, O'Connell brengt zelfs met die tael zyne landgenooten in beweging, en nog blyven de Ieren een onwaerdig volk. En te regt : men brengt wel hunnen geest in gloed; maer de gloed van den geest is eene zenuwhitte, die ophoudt met de vlugtige trilling. De gloed van het harte integendeel is eene weldadige warmte, die alles doordringt, het merg gelyk den zenuw, en dezen niet toelaet zich zoo schielyk te ontspannen. De Ieren zyn thands wat de Vlamingen zyn zouden, wanneer zy geen' troost meer vonden in de tael, welke Artevelde voor gordel gebruikte, om de harten zyner gezellen te ondersteunen, de tael waerin zoo menig groote dichter van vaderland, van verleden en van toekomst sprak. De Basken, hoe ruim zy deelachtig zyn in de geschenken der spaensche letterkunde, blyven ten achteren, om dat zy te gering zyn om op zich zelven zich te ontwikkelen. En welke deelen van Frankryk staen in zedelyke beschaving ten achteren by de algemeenheid? Zyn het niet die gewesten, waer de volkstael de geschrevene tael niet is? Mogt het dus waer wezen, dat wy in de schael der beschaving minder wegen dan gy, aen ons ware de schuld niet te wyten, die geene pogingen onbeproefd lieten om ons te ver- heffen, maer aen u en aen degenen die met u ons eigen- dom verdrukt hebben. Gy zoudt slecht redeneeren met op onze kwestie het fatalismus te willen toepassen : dat er in elke worsteling verdrukkers en verdrukten moeten zyn. Want een van twee, of de grondwet heeft de Vla- mingen bedrogen met de gelykheid der talen te dekre- teeren, en in dat geval mogen wy ze zonder angstvallig- heid verscheuren, wanneer ons zulks doenlyk is; of de grondwet is regtzinnig, en dan hebben wy het regt te eischen dat de hoogere magt ook aen ons grondbeginsel de middelen aenbiede, waerby het volk belet wordt tot den graed van verbastering te vervallen, dien gy ons zoo onbezonnen en ten onregte aentygt. Want dit nog ten laetste : Met wat regt beschuldigt een liberael den katho- lyke van geestverdooving, wanneer hy zelf het groote voertuig van beschaving, de tael, verworpen wil heb- ben? Wanneer ik daer tegen den priester de geschre- vene volkstael zie gebruiken, dan zeg ik dat de rollen omgekeerd zyn, en in billykheid werp ik den liberael de beschuldiging toe van het volk te willen verblinden, te fanatizeeren, in stede dat hy er betere menschen, goede burgers zou trachten van te vormen.

In den gang des menschelyken geestes zie ik eene grootsche neiging, verre verheven boven de ydele magt- spreuken die de verblinde menigte verdeelen : de slotsom onzer beschaving moet zyn de individueele vryheid. Gelyk zy den mensch eerst vond in zyne dierlyke ruwheid, zoo zal zy hem eens ontmoeten in zyne geestelyke volmaking, het ware evenbeeld der Godheid. Die tyd is nog verre van ons, ja; doch het menschdom schynt niet uitge- put, en onze planeet is nog in staet ons te voeden. De negentiende eeuw, zoo ryk aen groote gevolgen, heeft

den zoo traegzaem zwellenden kiem der zedelyke vol-
making op nieuw gelaefd; de stryd van den geest heeft
den stryd van het zwaerd voor een tyd lang vervangen,
eens zal hy geheel meester blyven, om op zyne beurt die
felheid te temperen, welke hem heden zoo geducht maekt.
De verdraegzaemheid, het ware liberalismus, het ware
catholicismus, zal het schoone geschenk wezen dat de
menschheid uit dien wapenstilstand ontvangen zal.

De vryheid van het individu moet voorafgegaen wor-
den door de volksvryheid. En hoe verstaet gy vryheid
zonder gelykheid van regten? Wie my niet verdrukt,
zal my de middelen aen de hand geven om volgens myn
eigene natuer my te ontwikkelen; zelfs waer ik door
ontaerde neiging eene verkeerde baen mogt hebben in-
geslagen, zal hy my te regt wyzen. Wie waerlyk groot-
moedig is en het welzyn der menschheid betracht, die
weet zyn gezond verstand de overhand te geven boven
zyn egoïsmus. De kiem der volksvryheid laet zich be-
merken in de algemeene beweging om de volkstalen van
vreemde banden los te maken. Die beweging spreidt zich
uit over Denemarken, over Polen, Bohemen, Hongaryen,
over den Elzas, en dringt tot in het zuiden van Frankryk,
waer eens de tael der troubadours het zegelied der be-
schaving zal zingen. Die beweging doet zich met onge-
wone kracht by ons gevoelen. Denk niet dat zy in Belgie
vallen moet, by gebrek aen genoegzaem levensbeginsel.
De Vlamingen zyn toch geen klein op zich zelve staende
volk. Behalve dat vlaemsch Belgie drie miljoen menschen
telt, zyn wy gerugsteund door ruim twaelf miljoen stam-
genooten, waervan een derde met ons dezelfde schrift-
spraek bezigt. Andere deelen zullen zich by ons aensluiten,
wanneer de dag daer zal zyn, dat men gevoelen zal dat
de gelyksoortige eenheid boven alle verschikkingen den
voorrang verdient.

Voeden wy dan éenen wensch : dat in een land , waer
twee talen genoegzaem tegenover elkander in evenwigt
staen , dat in Belgie, het land waer de grondwet aen
den burger, aen den mensch de meeste vryheid waer-
borgt, dat in ons vaderland de voorsmaek gegeven worde
van die onderlinge verdraegzaemheid der verschillende
volkenrassen. Mogt geen waelsch fatalist ons meer het
væ victis toewerpen ; want de versmading is de slypsteen,
waerop een volk het wapen der wrake wet. En mogten
de partyen in Vlaenderen onze waelsche broeders het
voorwendsel ontnemen van ons te verachten , en zich
niet buiten de natie sluiten , maer medewerken op dat
deze in haer geheel , van den groote tot den geringe,
van den geleerde tot den min wetende, zich ontwikkele :
mogt oud en jong in eene zelfde gedachte voortstreven,
in de gedachte van liefde en van aengroei !

Milton Keynes UK
Ingram Content Group UK Ltd.
UKHW030743170724
445742UK00007B/313

Wael En Vlaming

Ferdinand Augustijn Snellaert